AF263821

THOMAS PAYNE,

A LA LÉGISLATURE

ET

AU DIRÉCTOIRE.

*Le départ précipité de Thomas Payne
ne lui a pas permis de faire traduire, sous
ses yeux, cet ouvrage auquel il attachoit
le plus grand prix. Il a chargé un ami de
prendre ce soin; c'est au lecteur à juger si
le plan que renferme cet ouvrage, est digne
de la publicité qu'on lui donne.*

A LA LÉGISLATURE

ET

AU DIRECTOIRE,

OU

LA JUSTICE AGRAIRE

OPPOSÉE A LA LOI

ET AUX PRIVILÉGES AGRAIRES.

Prix, 15 sols.

A PARIS,

Chez la citoyenne RAGOULEAU, au Palais Égalité, galerie vitrée, près le théâtre de la République, n° 229.

Et chez les Marchands de nouveautés.

1797.

A LA LÉGISLATURE

ET

AU DIRECTOIRE EXÉCUTIF

DE

LA RÉPUBLIQUE FRANÇAISE.

LE plan contenu dans le présent ouvrage, n'est point destiné exclusivement à un pays particulier; le principe qui lui sert de base est général. Mais comme les droits de l'homme sont une étude nouvelle dans ce monde, et qu'elle a besoin d'être protégée contre la supercherie des prêtres, et contre l'insolence d'une oppression depuis trop long-temps établie, j'ai cru devoir placer ce petit ouvrage sous votre sauve - garde. Lorsqu'on réfléchit à la longue et obscure nuit dans laquelle la France et toute l'Europe a resté plongée

A 3

sous ses gouvernemens et ses prêtres, on doit être beaucoup moins surpris qu'affligé de l'éblouissement occasionné par le premier éclat de la lumière qui a dissipé les ténèbres. L'œil accoutumé à l'obscurité, a de la peine à supporter d'abord le grand jour. C'est avec le secours de la pratique que l'œil apprend à voir, et il en est de même en passant d'une situation quelconque à une situation opposée.

Comme nous n'abjurons pas en même temps toutes nos erreurs, nous n'acquérons pas non plus tout d'un coup la connoissance de tous nos droits. La France a eu la gloire d'ajouter au mot de *liberté*, celui d'*égalité*, et ce mot est en lui-même un principe qui n'admet point de gradation dans les choses auxquelles il s'applique ; mais il a été souvent mal entendu, souvent mal appliqué, et souvent violé.

Liberté et propriété sont des mots qui expriment toutes les choses que nous possédons, et qui ne sont point de nature intellectuelle. Il y a deux espèces de propriété. Premièrement, la propriété naturelle ou celle qui nous vient du créateur de l'univers ; comme la terre, l'air et l'eau. Secondement, la propriété artificielle ou acquise, c'est-à-dire, celle qui est de

(7)

l'invention des hommes. Pour celle-ci l'égalité est impossible, parce que, pour la partager également, il faudroit que tous les hommes y contribuassent dans la même proportion, ce qui n'arrive jamais; et dans cette supposition chaque individu garderoit son produit, et cela équivaudroit au partage. L'égalité de la propriété naturelle est le sujet de ce petit ouvrage. Tout individu existant dans ce monde y est né avec des droits légitimes sur un certain genre de propriété, ou sur une indemnité équivalente.

Le droit de voter pour le choix des personnes chargées de la confection des lois qui gouvernent la société, tient au mot de liberté, et constitue l'égalité des droits personnels. Mais quand même il tiendroit à la propriété, ce que je nie, le droit de voter appartiendroit encore à tous également; parce que, comme je l'ai déjà observé, tous les individus qui existent dans ce monde, sont nés avec des droits légitimes sur une certaine espèce de propriété.

J'ai toujours considéré la présente constitution de la république Française, comme le *systéme le mieux organisé* qu'ait encore produit l'esprit humain. Mais j'espère que mes anciens collègues ne trouveront pas mauvais que je les avertisse d'une erreur qui s'est glissée dans le principe. L'égalité du droit de suffrage n'est point maintenue. On a attaché le droit de voter à une condition dont il ne doit pas dépendre; c'est-à-dire, à la proportion d'une certaine taxe, qu'on nomme contribution directe. La dignité du droit est avilie; et en le mettant ainsi en balance avec une chose de misérable valeur, on diminue l'enthousiasme qu'il est capable de produire. Il est possible de lui trouver un contre-poids équivalent, parce qu'il est seul digne d'être sa propre base, et qu'il n'est point susceptible de fleurir, au moyen d'une greffe, ou d'une pièce de rapport.

Depuis l'établissement de la constitution, nous avons vu échouer deux conspirations; celle de Babeuf, et celle de quelques personnages à peine connus, qui se décorent du méprisable nom de royalistes. Le vice du principe de la constitution fût la source de la conspiration de Babeuf. Il se servit du ressentiment que ce défaut avoit produit, et au lieu d'y chercher un remède par des moyens légitimes et constitutionnels, ou d'indiquer quelque expédient utile à la société, les conspirateurs firent tous leurs efforts pour ramener le désordre et la confusion, et se constituer personnellement en Directoire, ce qui est formellement destructif de l'élection et de la représentation. Ils furent enfin assez extravagans pour supposer que la société occupée de ses soins domestiques, leur abandonneroit aveuglément la direction du pouvoir qu'ils auroient usurpé par la violence.

La conspiration de Babeuf fut au bout de quelques mois suivie de celle des royalistes, qui se flattèrent bêtement d'opérer de grandes choses avec des moyens nuls ou misérables. Ils comptèrent sur tous les mécontens, quelque pût être leur motif, et tâchèrent de stimuler à leur tour la classe d'hommes dont les autres s'étoient servis. Mais les chefs se conduisirent comme s'ils eussent imaginé que la société n'avoit rien de plus à cœur que de rétablir et d'alimenter les courtisans, les pensionnaires et toute leur sequelle ; sous le méprisable nom de royauté. Ce petit ouvrage les désabusera, en leur montrant que la société a en vue un objet de nature fort différente, celui de s'établir et de s'alimenter elle-même.

Nous savons tous, ou nous devrions savoir que le temps durant lequel une révolution s'opère, n'est pas celui où l'on peut jouir des avantages qui doivent en résulter. Mais que Babeuf et ses complices considèrent la France depuis l'établissement de la constitution, et qu'ils la comparent avec ce qu'elle fut durant le funeste systême révolutionnaire, et durant l'exécrable règne de la terreur; la rapidité du changement leur paroîtra sans doute très-frappante et très - étonnante. La famine a été remplacée par l'abondance et par l'espoir très-fondé d'une prospérité prochaine et croissante.

Quant au vice qui existe dans la constitution, je suis très-persuadé qu'il sera corrigé constitutionnellement, et cette mesure est indispensable; car tant qu'il subsistera, il donnera de l'espoir et fournira des moyens aux conspirateurs; et il est d'ailleurs à regretter qu'une constitution si sagement organisée, pèche si fortement dans son principe. Ce défaut expose encore à d'autres dangers qui se feront sentir. Des candidats intrigans iront à la quête des individus qui n'ont pas le moyen de payer la contribution directe, et la paieront pour eux

sous la condition d'obtenir leurs suffrages.
Maintenons inviolablement l'égalité du droit
sacré des suffrages : la sécurité ne pourra jamais
avoir une base plus solide.

Salut et fraternité.

Votre ancien collègue,
Thomas PAYNE.

LA JUSTICE AGRAIRE

OPPOSÉE A LA LOI

ET

AUX PRIVILÉGES AGRAIRES,

Contenant *un plan pour améliorer la situation générale de tous les hommes.*

———

Un des premiers objets que la législation perfectionnée devroit avoir en vue, est de conserver les avantages de ce qu'on nomme la vie sociale et réparer en même temps les inconvéniens qu'elle a produits.

C'est encore une question fort incertaine de savoir si l'état de société qu'on intitule orgueilleusement, et peut-être induement la *civilisation* a augmenté ou diminué le bonheur de la race humaine en général. D'un côté, le spectateur est ébloui du brillant éclat des apparences; et de l'autre, il apperçoit avec horreur les affligeans attributs de l'extrême misère. Ils sont également le produit de ce qu'on nomme la civilisation; et c'est dans les pays civilisés, qu'on rencontre ces individus de l'espèce humaine, les plus riches et les plus indigens.

Pour bien concevoir ce que l'état de société devroit être, il est indispensable d'avoir quelques notions de l'état primitif et naturel des hommes, tel qu'il est encore aujourd'hui parmi les Indiens du nord de l'Amérique. On n'apperçoit chez eux aucun vestige de la misère humaine, dont toutes les villes de l'Europe nous présentent le hideux spectacle. L'indigence est donc un des fruits qu'a produit la vie civilisée. Elle n'existe point dans l'état naturel. Mais dans cet état naturel, les hommes ne jouissent point des avantages de l'agriculture, des manufactures, des sciences et des arts. La vie d'un indien comparée à celle d'un européen indigent est un jour de fête perpétuelle, et si on la compare à la vie de nos personnages opulens, elle paroît misérable. Ce qu'on nomme civilisation a donc opéré dans les deux sens contraires. Elle a rendu une partie des hommes plus riches, et l'autre plus pauvre qu'ils ne seroient dans leur état primitif ou naturel.

Il est toujours possible de passer de l'état de nature à la civilisation ; mais il n'est jamais possible de rétrogader de l'état de civilisation à celui de nature, parce que la chasse fournit à l'homme ses alimens dans l'état naturel, exige pour la substance d'un seul, une étendue de terrein dix fois plus considérable que celle qui lui suffiroit si la terre étoit cultivée. Il est donc évident que dans les pays dont la population s'est multipliée au moyen de l'agriculture, des sciences et des arts, la conservation de cet état des choses devient indispensable ; parce qu'autrement le pays ne pourroit pas nourrir peut-être un dixième de ses habitans. Il s'agit donc alors de remédier aux inconvéniens que le passage de l'état de nature à celui de la civilisation a produit dans la société, et d'en conserver en même temps tous les avantages.

Or, en considérant la chose sous ce point de vue, le premier principe de la civilisation auroit dû et devroit toujours être, que la situation générale des individus nés dans un état civilisé, ne doit pas être pire qu'elle n'auroit été dans l'état de nature. Mais il n'est que trop certain que dans tous les pays de l'Europe il y a des millions d'individus beaucoup plus misérables qu'ils ne l'auroient été s'ils fussent nés avant la civilisation, ou s'ils étoient aujourd'hui parmi les Indiens du nord de l'Amérique. Il convient d'en expliquer la cause.

Il est incontestable que dans son état primitif d'inculture, la terre étoit et auroit toujours continué d'être la *propriété commune de toute la race humaine, sans exception.* Dans cette situation des choses, tous les hommes seroient nés avec une propriété; ils auroient eu un droit égal durant leur vie à l'usufruit du sol et de toutes ses productions naturelles, soit végétales ou animales.

Mais la terre dans son état naturel n'est capable, comme je l'ai déjà observé, de nourrir qu'un petit nombre d'individus, en comparaison de ceux qu'elle alimente lorsqu'on la cultive; et comme il est impossible de séparer les améliorations de la culture, du sol sur lequel on les a faites, cette liaison inséparable produisit l'idée de la propriété territoriale. Mais il n'en est pas moins vrai que ce sont les améliorations seulement, et non pas le sol, qui constituent la propriété individuelle. Tout possesseur de terre doit par conséquent à la communauté ou société une *rente foncière* ; car je ne connois point d'autre terme qui puisse mieux expliquer l'idée de cette redevance, et c'est cette rente foncière qui doit produire le fonds que le plan du présent ouvrage propose.

La nature des choses, et toutes les informations que l'histoire nous fournit, concourent à nous convaincre que l'idée d'une propriété territoriale fut le produit de l'agriculture, et qu'on n'y pensa point antérieurement. Elle ne pouvoit exister, ni dans les premiers temps où les hommes vivoient de la chasse, ni dans la période suivante, parmi ceux qui faisoient le métier de pasteurs. Il paroît qu'Abraham, Isaac et Jacob, où Job, dont nous parle l'écriture, qu'on peut croire au moins pour les choses probables, ne comptèrent jamais les terres parmi leurs possessions. Leurs propriétés ne consistoient que dans leurs troupeaux, et ils les conduisoient d'un lieu dans un autre. Les contestations fréquentes et relatives à l'usage d'un puits dans l'aride et brûlant pays de l'Arabie, attestent aussi qu'il n'y avoit point alors de propriétés territoriales. On n'avoit

point

point, encore imaginé qu'on pût faire du sol
un objet de location exclusive.

La propriété territoriale étoit originairement
impossible. La terre n'est point l'ouvrage de
l'homme, et quoique il eut naturellement le
droit de l'occuper, il n'avoit pas le droit d'en
affermer une partie comme une propriété à lui
appartenante exclusivement et pour toujours. Le
créateur de la terre n'a pas très-certainement
ouvert le bureau d'où sont sortis les premiers
titres. D'où donc a pu venir l'idée d'une propriété territoriale? Je réponds, comme je l'ai
déjà fait, que quand la terre fut cultivée, l'idée
de la propriété territoriale se présenta ; parce
que les améliorations de la culture se trouvè-
rent inséparables du sol sur lequel on avoit fait,
à force de travaux, ces améliorations, dont la
valeur excédoit alors si considérablement la
valeur intrinsèque du sol, qu'elle l'absorba, et
que le droit commun de tous céda aux droits
que l'individu acquéroit par sa culture. Mais
ces droits sont toutefois d'une nature fort différente, et le seront toujours tant que la terre
subsistera.

Pour se faire une juste idée des choses, il
faut nécessairement, remonter à leur origine,

et ce n'est qu'avec le secours de ces idées qu'on peut fixer les limites qui séparent le bien du mal, ou le juste de l'injuste, et que l'homme apprend à connoître ses droits. J'ai donné à ce petit traité le titre de *Justice Agraire*, pour le distinguer de la loi qui porte le même nom. Rien ne sauroit être plus inique que la loi agraire dans un pays cultivé ; car quoique chaque individu, en qualité d'habitant de la terre, en soit légitimement l'usufruitier dans son état naturel, il ne s'ensuit pas qu'il soit aussi le légitime usufruitier d'une terre qu'un autre a cultivée. Lorsque le système de l'agriculture prévalut, le supplément de valeur qui en résulta devint naturellement la propriété du cultivateur, ou de celui qui avoit hérité du cultivateur, ou enfin de celui à qui il avoit vendu. Il y avoit toujours originairement un propriétaire. En conséquence, quoique je m'intéresse à ceux que ce système a privé du droit naturel qu'ils avoient à la terre, quoique je plaide ici leur cause, je n'en défends pas moins les droits du possesseur sur la portion qui lui appartient.

L'agriculture est incontestablement la plus utile découverte de l'esprit humain. Elle a décuplé la valeur de la terre ; mais les priviléges de propriété exclusive dont elle a été suivie, ont produit des effets très-funestes. Chez toutes les nations ils ont dépouillé une grande moitié des habitans de leur héritage naturel, sans songer à les indemniser d'une spoliation qui a entraîné un excès d'indigence et de misère dont il n'y avoit pas eu jusques-là d'exemple.

En plaidant la cause de ceux qu'on a dépouillés de leur droit, c'est une justice et non une charité que je demande ; mais c'est une justice ou un droit qui, après avoir été trop négligé dans les premiers temps, ne pouvoit plus être réclamé efficacement qu'au moyen d'une révolution dans le système des gouvernemens. Tâchons donc d'honorer les révolutions par des actes de justice, et de propager leurs principes en les faisant servir de base à la prospérité générale.

Après avoir exposé en peu de mots le sujet et le but de cet ouvrage, je passe à l'exposition du plan que je propose, et qui consiste :

A créer un fonds national pour payer à tous les individus qui auront atteint l'âge de vingt-un ans, la somme de quinze livres sterlings, à titre d'indemnité du droit naturel, dont le système des propriétées territoriales les a dépouillés;

Et pour payer annuellement la somme de dix livres sterlings, durant leur vie, à tous les individus qui ont atteint l'âge de cinquante ans, et aux autres, à mesure qu'ils arriveront audit âge.

Moyen pour produire le fonds qu'on propose.

J'ai déjà établi le principe, en observant que la terre, tant qu'elle seroit restée inculte, auroit continué d'être *la propriété commune de toute la race humaine*, et que le systême des propiétés territoriales, au moyen de sa liaison inséparable avec l'agriculture, et avec ce qu'on nomme la vie civilisée, avoit absorbé la propriété de ceux qu'elle a dépouillés, sans songer à leur accorder une indemnité en compensation de leur perte.

Cette faute ne peut pas toutefois être imputée aux possesseurs actuels : on ne peut ni ne doit leur faire aucun reproche, à moins qu'ils ne se chargent du crime, en s'opposant à la justice. La faute est inhérente au systême, et elle s'est établie dans le monde au moyen de la loi agraire de l'épée, c'est-à-dire, par la loi du plus fort. Mais cette faute peut être réparée par les générations successives, sans attaquer ni inquiéter les présens possesseurs; et l'opération de ce fonds peut commencer, ou même être en pleine activité dès la première année de son établissement, ou très-peu de temps après, comme je vais le démontrer.

Je propose d'abord de faire les paiemens tels que je les ai énoncés, à tous les individus, pauvres ou riches. Cette mesure commune est propre à éviter toute odieuse distinction, et elle est d'autant plus convenable qu'à titre d'indemnité ou de compensation d'une propriété naturelle, tous les individus y ont un droit égal, indépendamment des propriétés qu'ils peuvent avoir créées ou acquises par hérédités ou de toute manière. Les personnes qui ne jugeront pas à propos d'accepter la subvention, pourront la reverser dans la caisse commune.

Considérant en conséquence, comme un principe admis, qu'aucun individu, né dans un état civilisé, ne doit se trouver dans une situation pire que celle où il seroit s'il fût né avant l'établissement de cette civilisation, et que dans tous les pays civilisés on auroit dû et on devroit encore prendre à cet égard des mesures; il est évident qu'on ne peut remplir cet objet qu'en réclamant de chaque possesseur des terres, une portion dont la valeur compense l'héritage naturel qu'il s'est approprié exclusivement.

On pourroit adopter à cet effet différentes méthodes; mais celle que je propose me paroît la meilleure, non-seulement parce qu'elle opérera sans gêner les présens possesseurs et sans entraver les taxes ou les emprunts nécessaires au gouvernement ou à la révolution, mais parce qu'elle est la plus facile et la plus efficace; parce que la perception se fera dans le moment le plus favorable, c'est-à-dire, lorsque la propriété passera dans les mains d'un héritier après la mort de celui qui la possédoit. Par ce moyen, le testateur, ni son héritier, ne donnent rien ni l'un ni l'autre; il en résultera seulement que celui-ci sera le premier qui verra cesser, relativement à sa personne, le monopole de l'héritage naturel : l'homme généreux n'en désire point la continuation, et l'homme juste se réjouira de le voir aboli.

Le mauvais état de ma santé ne me permet pas de faire les informations nécessaires pour fonder le calcul des probabilités avec tout le

degré de certitude dont elles sont susceptibles.
Ce que je propose à cet égard est donc plus le
résultat des observations et des réflexions que
des informations que j'ai reçues; mais je crois
toutefois qu'il paroîtra assez juste.

En premier lieu, en prenant l'âge de vingt-
un ans pour l'âge de la majorité, toute la propriété d'une nation, soit réelle ou personnelle,
sera toujours entre les mains de personnes qui
ont passé cet âge. Il est donc nécessaire de
connoître, comme une donnée de calcul, le
nombre d'années que les personnes de cet âge
peuvent vivre l'une dans l'autre. Je crois qu'on
peut prendre trente ans pour le terme moyen
de ce calcul; car, quoique un certain nombre
vive quarante, cinquante, et même soixante
années après cet âge, d'autres cessent aussi
de vivre beaucoup plutôt, et quelques-uns
meurent dans le courant de chaque année.

En prenant donc trente ans pour le terme
moyen, il nous indiquera exactement le laps
de temps nécessaire pour faire passer par succession toute la masse des propriétés d'une
nation d'une main dans une autre, c'est-à-dire,
entre les mains des nouveaux propriétaires,
après la mort des anciens possesseurs; car,

quoiqu'une partie reste quelquefois quarante, cinquante ou soixante ans dans la même main, il arrivera aussi que d'autres changeront deux ou trois fois de mains dans le cours des trente ans, et serviront de balance; car si une moitié du capital d'une nation change deux fois durant le laps des trente années, cette moitié produira le même fonds que la totalité, en changeant une seule fois dans le cours d'une révolution semblable.

Or, en considérant trente années comme le terme moyen du laps de temps durant lequel la totalité du capital d'une nation, ou une somme égale de même valeur change une fois de main par hérédité dans le cours d'une année, la mutation sera du trentième de cette somme ; c'est-à-dire que le trentième passera par hérédité entre les mains des nouveaux possesseurs; et cette somme étant ainsi connue, et les capitaux à prélever sur chaque cent étant déterminés, on peut fixer le produit annuel du fonds proposé pour être employé conformément à ce que je viens d'exposer.

En parcourant le discours de Pitt, le ministre anglais, à l'ouverture de ce qu'on appelle en Angleterre le Budget, c'est-à-dire le systêmedes finances pour l'année 1796, j'ai trouvé une estimation du capital national de ce pays. Comme j'ai sous les yeux cette estimation d'un capital national, il me servira de donnée. Quand un calcul est établi sur le capital connu d'une nation quelconque, combiné avec sa population, il peut servir d'échelle pour toute autre nation, en observant la différence du plus ou du moins dans la masse de son capital et de sa population. Je me sers de cette estimation de M. Pitt avec d'autant plus de plaisir, qu'elle me fournira l'occasion de prouver à ce ministre pervers, d'après son propre calcul, qu'il pouvoit employer l'argent de ses compatriotes beaucoup plus utilement qu'en le gaspillant, comme il a fait, pour le ridicule projet de rétablir le despotisme des Bourbons.

M. Pitt évalue le capital réel et personnel de l'Angleterre à 1300 millions sterlings, qu'on peut considérer comme environ le quart du capital de la France en y comprenant la Belgique. L'événement de la dernière récolte des deux pays démontre que le sol de la France est plus fertile que celui de l'Angleterre, et qu'il peut plus facilement nourrir vingt-quatre ou vingt-cinq millions d'habitans, que celui de l'Angleterre n'en peut faire subsister sept millions ou sept millions et demi.

La trentième partie de ce capital de livre 1,300,000,000 qui est de 43,333,333, constitue la portion qui passera annuellement par hérédité ou succession entre les mains de nouveaux possesseurs; et la somme de la mutation annuelle sera en France, dans la proportion de quatre pour un, d'environ cent soixante et treize millions sterlings. De cette somme de l. 43,333,333 qui changeront de main annuellement, il faut défalquer la valeur de la propriété ou succession naturelle qui s'y trouve comprise et absorbée; et en l'évaluant avec équité, il n'est peut-être pas possible de la réduire au-dessous d'un dixième.

Il arrivera incontestablement toujours qu'une partie des propriétés qui changent de main par succession dans le cours de chaque année, descendra en ligne directe, du père ou de la mère à leurs enfans, et les autres parties à des héritiers collatéraux, à-peu-près dans la proportion de trois à un; c'est-à-dire, qu'environ trente millions de la susdite somme passera aux héritiers directs, et les l. 13,333,333, en partie à des parens éloignés, et en partie à des étrangers.

Or, en considérant que l'homme appartient toujours à la société, cette sorte de parenté deviendra par comparaison plus proche, à proportion que l'héritier présomptif sera plus éloigné. Il ne répugnera donc point à la civilisation de dire que, dans les occasions où il n'y aura point d'héritiers directs, la société héritera d'une portion indépendamment du dixième qu'elle prélevera dans tous les cas. En supposant que ce supplément soit de dix à douze pour cent, en proportion de la parenté plus ou moins éloignée de celui qui héritera, il pourroit donner, en y comprenant les aubaines des successions dévolues faute d'héritiers, lesquelles doivent appartenir à la société et non au gouvernement, conjointement avec ces articles, il pourroit, dis-je, donner une nouvelle somme de dix pour cent, et le produit total de la somme annuelle de l. 43,333,333 sera

Des 30,000,000 l. à 10 pour 100, 3,000,000 liv.
Des 13,333,333 à 10 pour 100, avec le supplément des autres 10 pour 100,.. 5,666,666

L. 43,333,333.

Après avoir fixé la quotité du fonds annuel,

il s'agit d'examiner s'il est proportionné à la population et à l'emploi auquel je le destine.

La population de l'Angleterre est, au plus, de sept millions cinq cent mille individus; et le nombre de ceux qui ont passé cinquante ans doit être environ de quatre cent mille. Quoiqu'il en soit, ceux qui accepteroient les 10 liv. sterlings de rente auxquelles ils auroient tous droit, ne passeroient pas très-certainement ce nombre; car je suis persuadé que tous ceux qui jouissent d'un revenu de 2 ou 300 liv. sterlings ne l'accepteroient pas. Mais comme on voit fréquemment des riches tomber dans l'indigence, même à l'âge de soixante ans, il seroit juste de leur conserver le droit de réclamer les arrérages arriérés qu'ils auroient négligés de recevoir. Sur la recette annuelle de l. 51,666,666, il faudra donc soustraire 4,000,000 pour distribuer à quatre cent mille vieillards, à 10 liv. sterlings par tête.

Je passe aux individus qui atteignent annuellement l'âge de vingt-un ans. Si tous ceux qui meurent avoient passé l'âge de vingt-un ans, pour que la population restât toujours la même, il faudroit que le nombre de ceux qui arrivent à cet âge fût égal au nombre des morts; mais

le nombre de ceux qui meurent avant cet âge
est fort supérieur au nombre de ceux qui l'atteignent, et le nombre de ceux qui le passent
équivaut tout au plus à la moitié de ceux qui
meurent avant d'y arriver. Sur une population
de sept millions et demi, la totalité des morts
annuelle sera environ de 220,000 ; le nombre
de ceux qui atteignent l'âge de vingt-un ans
sera à-peu-près de 100,000. Par la raison que
j'ai déjà exposée, tous ceux-ci n'accepteroient
point les 15 liv. sterlings, quoique la loi les
y autorisât comme les autres. En supposant
qu'un dixième refuse de les recevoir, il en
résulteroit le calcul suivant :

Fonds annuel. . . . . . 5,666,666 liv.

A 400,000 vieillards
à 10 l. par tête. . . 4,000,000 l.
A 90,000 individus
de 21 ans, à 15 l. par
tête. . . . . 1,350,000 l.   } 5,350,000 liv.

Reste. . . 316,666 liv.

Il y a, dans tous les pays, des aveugles,
des manchots et des hommes mutilés de manière à être incapables de travailler pour ga-
gner leur vie. Mais comme les aveugles sont

généralement du nombre des hommes âgés, la plupart jouiront de l'annuité de 10 liv. sterlings. Les 316,666 liv. restans serviront pour secourir les hommes aveugles ou estropiés qui n'auront pas atteint l'âge de cinquante ans, et ce secours sera de 10 liv. par tête.

Après avoir établi mes calculs, et exposé mon plan, je terminerai par quelques observations.

J'ai déjà déclaré que ce n'est point une charité que je demande, mais un droit que je réclame; ce n'est point un don, mais une justice. La civilisation dans la situation présente, est aussi odieuse qu'injuste. Elle est absolument l'opposé de ce qu'elle devroit être, et il est nécessaire qu'il s'y fasse une révolution. Le contraste du faste et de l'extrême indigence qu'on rencontre presque à chaque instant, blesse la vue et forme un spectacle aussi triste que pourroit l'être celui des corps morts et des corps vivans attachés ensemble. Quoique je ne sois point avide des richesses, je les vois avec plaisir, parce qu'elles peuvent être l'instrument du bien ; et peu m'importe qu'il y ait des hommes d'une extrême opulence, pourvu qu'elle ne soit pas fondée sur la misère des autres. Mais comment jouir de l'abondance quand on entend autour de soi les gémissemens de l'indigence. Quelqu'endurci qu'un richard puisse être, les haillons de l'indigent, ses joues creuses, et ses yeux hagards lui font toujours une impression désagréable, et contrarient plus son bonheur que les 10 pour cent que je réclame.

Dans tous les pays on trouve de très-belles institutions de bienfaisance fondées par des individus; mais les moyens d'un particulier sont insuffisans, quand il s'agit dé soulager un si grand nombre. L'individu peut satisfaire sa conscience, mais non son cœur; il peut donner tout ce qu'il possède, sans qu'il en résulte un grand effet. Ce n'est qu'en organisant la civilisation sur de nouveaux principes, qu'on pourra détruire tout d'un coup la misère générale.

C'est l'effet que produira le plan que je propose. Il fera disparoître immédiatement trois classes misérables, les aveugles, les estropiés et les vieillards indigens; et il fournira à la génération naissante les moyens de prévenir l'indigence. Tout ceci s'opérera sans déranger ni contrarier les mesures national s que des circonstances pourroient rendre nécessaires;

et pour le prouver, il suffira d'observer que ce plan et son exécution opérera précisément comme si chaque individu faisoit un testament et disposoit de ses propriétés conformément à l'arrangement que je propose.

Mais je le répète encore, c'est la justice et non la charité qui forme le principe de mon plan. Dans toutes les grandes occasions, il est bon d'avoir un mobile plus actif que celui de la charité ; et quant à la justice, on ne doit pas laisser aux individus la liberté de la refuser, ou de l'observer à leur fantaisie. En considérant mon plan relativement à la justice, il faut qu'il soit l'acte de la volonté générale, motivée sur les principes de la révolution; il faut qu'il soit considéré comme l'acte de toute la nation, et non comme celui de quelques individus.

Un plan fondé sur ce principe favoriseroit la révolution au moyen de l'énergie que la conscience de l'équité produit toujours. Il multiplieroit aussi les ressources nationales; car la propriété où les richesses ne peuvent croître que comme la végétation au moyen de ses bourgeons; il est bien différent pour deux individus qui se mettent en ménage, de commencer avec rien, ou d'avoir chacun cent écus à sa disposition.

sition. Avec ce secours, ils peuvent acheter une vache et les outils nécessaires pour culti-ver quelques arpens de terre; et au lieu d'être à charge à la société, comme cela arrive tou-jours lorsque les enfans naissent plus promp-tement que les moyens de les nourrir, ils peuvent devenir des citoyens industrieux et utiles; les domaines nationaux se vendroient mieux s'il y avoit des secours pécuniaires éta-blis qui en facilitassent la culture en petits lots.

Le système qu'on a nommé mal à propos la civilisation, a généralement adopté la me-sure de faire des institutions pour secourir les pauvres, mais seulement après qu'ils sont tombés dans l'extrême indigence. Cette mesure ne peut être considérée ni comme charitable, ni comme politique. Ne seroit-il pas plus avan-tageux et plus économique d'établir des moyens pour prévenir l'indigence? Et le mieux qu'on puisse faire pour y réussir, n'est-il pas d'as-surer à tous les individus, lorsqu'ils arrivent à l'âge de vingt-un ans, une somme pour se mettre en ménage? Le contraste de la magni-ficence du riche et des haillons de l'indigent, défigure la face de la société, et annonce qu'on y a commis une grande violence, dont il est temps de faire justice. Dans tous les pays, l'indigence est devenue la portion héréditaire de la grande masse des individus, et il leur est presque impossible de s'en tirer sans secours. Il est bon aussi d'observer que dans les pays qu'on nomme civilisés, cette grande masse d'indigens se multiplie sans cesse. Le nombre de ceux qui tombent annuellement dans la misère, est fort supérieur au nombre de ceux qui en sortent.

Quoique la considération d'intérêt ne soit pas admissible dans les calculs d'un plan fondé sur la justice, il sera toujours avantageux pour son établissement de démontrer que cette considération seroit en sa faveur. Le succès d'un plan quelconque, lorsqu'il est soumis à l'opinion publique, dépendra toujours finalement de la justice de ses principes, et du nombre de ceux qui ont intérêt à le protéger.

Le plan que je propose est utile à tous, et ne nuit à personne. Il consolidera l'intérêt de la république en même temps que celui des individus. La nombreuse classe que le système des propriétés territoriales a dépouillée de son héritage naturel, y trouvera un acte de justice nationale ; il produira l'effet d'une espèce de tontine pour les enfans des particuliers qui ne laisseront en mourant qu'une petite fortune ; ils y trouveront un retour fort supérieur à la somme qu'ils verseront dans la caisse de l'institution ; et il en résultera, pour les riches, un degré de sécurité qu'ils ne peuvent plus espérer sous les anciens gouvernemens de l'Europe qui sont tous au moment de s'écrouler.

Je ne suppose pas qu'il y ait aujourd'hui, dans aucun des pays de l'Europe, plus d'une famille sur dix, dont la fortune nette se trouve, à la mort du chef, au-dessus de 500 l. sterlings, ou environ 10,000 francs. Mon plan seroit avantageux pour ceux de cette classe ; leur propriété verseroit 50 liv. sterlings ou environ 1000 francs dans la caisse ; et s'il y avoit seulement deux enfans, chacun d'eux recevroit 15 liv. sterlings en arrivant à vingt-un ans ; et à l'âge de cinquante ans, ils seroient aussi assurés, l'un et l'autre, d'une somme de 10 liv. sterlings, de revenu annuel. Ce sont les grandes fortunes des riches qui alimenteront la caisse, et je sais que leurs possesseurs en Angleterre, s'élèveront contre ce plan, quoiqu'ils dussent considérer comme un très-grand avantage de s'assurer, contre tous les événemens, la propriété des neuf dixièmes. Mais, sans parler des moyens dont ils se sont servi pour accumuler ces immenses fortunes, je leur observerai que pour soutenir le despotisme des maisons d'Autriche et de Bourbon, M. Pitt a déjà imposé, sur les peuples de l'Angleterre, de nouvelles taxes annuelles, qui seroient plus que suffisantes pour remplir toutes les vues du présent plan de bienfaisance.

En formant ce plan, j'ai compris dans mes calculs les propriétés territoriales et les propriétés personnelles. Quant aux premières, la raison est évidente, et je l'ai déjà expliquée. Le motif qui m'a fait joindre à celle-ci les propriétés personnelles, est également fondé, quoique sur un autre principe. La terre est, comme je l'ai déjà dit, un don que le créateur a fait en commun à la race humaine. La propriété personnelle est *l'effet de la société*, et sans son secours, il ser oit aussi impossible à l'individu de l'acquérir que de créer la terre. Banissez un individu de la société, donnez-lui la possession d'une île ou d'un continent, il n'acquerra jamais seul une propriété personnelle; il ne deviendra jamais riche. Telle est, dans tous les cas, l'inséparable liaison des moyens avec leur fin, qu'où les premiers sont nuls, on ne peut jamais obtenir l'autre. C'est donc à l'avantage de vivre en société que l'homme est redevable de l'acquisition de toutes les propriétés personnelles que le seul secours de ses propres mains ne peut pas produire; et selon tous les principes de justice, de connoissance et de civilisation, il doit restituer à la société une portion du tout dont elle est la source. Je ne fonde ici mon argument que sur un principe général, et peut-être vaut-il mieux s'en tenir à cette considération; car, si on examinoit la question plus particulièrement, on trouveroit que les amas des propriétés personnelles se font le plus souvent aux dépens des malheureux qui, en travaillant pour les produire, ont reçu un trop foible salaire. L'ouvrier languit dans sa vieillesse et périt dans la misère, tandis que celui qui l'emploie nage dans l'abondance : il est peut-être impossible de proportionner exactement le prix de la main-d'œuvre aux bénéfices qu'elle produit; et on observera sans doute aussi en faveur de l'injustice, que, quand même les ouvriers gagneroient le double de leur salaire, la plu-

part n'en économiseroient pas plus pour leurs
vieux jours, et ne seroient pas beaucoup plus
riches pour le moment même. C'est une raison
de plus pour faire de la société leur tuteur, et
pour leur conserver des ressources dans leur
vieillesse. Il n'est pas juste de voler à un
homme son argent, parce qu'il pourroit en
faire un mauvais usage.

Le systême de la civilisation qui a prévalu
dans toute l'Europe, est aussi injuste dans son
principe qu'odieux dans ses effets; les possesseurs des propriétés le savent, et sentent que
si on l'examinoit, il ne pourroit plus subsister. C'est la véritable raison qui les fait trem-
bler au nom d'une révolution; c'est le danger
et non les principes qui retardent les progrès
des révolutions. En conséquence, pour la sûreté
des propriétés, autant que pour l'intérêt de
l'humanité et de la justice, il est indispensable de former un nouveau systême qui,
en préservant une portion de la société de
la misère, puisse mettre l'autre à l'abri de la
déprédation.

La superstitieuse vénération qui environnoit
autrefois l'opulence, commence enfin à se dis-
siper généralement. Lorsque le faste et la

magnificence, au lieu de fasciner les yeux de la multitude, commencent à lui inspirer de l'aversion; lorsque, au lieu d'obtenir son admiration, ils sont considérés comme une insulte à la misère; la situation des propriétés devient critique et précaire; et ce n'est qu'au moyen d'un système équitable que le possesseur peut établir sa sûreté.

Pour écarter le danger, il faut faire cesser les antipathies, et ceci ne peut s'opérer qu'en faisant produire aux propriétés quelque avantage général qui s'étende à tous les individus. Lorsque plus une fortune sera considérable, plus elle fournira des moyens à la caisse nationale; lorsque la richesse du fonds public dépendra de l'opulence des individus, on verra disparoître l'antipathie, et les propriétés devenues utiles à ceux qui n'en ont pas, seront sous la protection générale.

Je n'ai point en France de propriété qui puisse me faire participer au plan que je propose. Le peu que je possède est dans les États-Unis de l'Amérique. Mais je verserai 100 liv. sterlings dans la caisse aussitôt qu'elle sera établie; et j'en ferai autant en Angleterre, lorsqu'on y introduira cette institution.

Une révolution, dans le système d'un gouvernement, doit nécessairement être accompagnée d'un changement dans le système de la civilisation. Si la révolution d'un pays est du mal au bien, pour qu'elle produise son effet, il faut que ce qu'on appelle la civilisation change dans le même sens ; et il en est de même si la révolution est du bien au mal. Le gouvernement despotique se soutient au moyen d'une civilisation abjecte dont l'avilissement général des esprits et l'excessive misère de la masse du peuple, sont les indices les plus frappans. Ces gouvernemens considèrent l'homme purement comme un animal qui n'a aucun droit d'exercer ses facultés intellectuelles, et qui ne doit point avoir avec les lois d'autre relation que celle d'y obéir. La misère est leur grand moyen pour asservir le peuple, dont ils semblent redouter fort peu le désespoir et la vengeance.

La révolution de la France ne se perfectionnera que quand elle aura influé sur le système de la civilisation. Déjà différens peuples sont convaincus que la représentation est le véritable gouvernement légitime. Cette idée est, à la vérité, si évidente, que ceux qui la combattent ne peuvent pas se défendre de la sentir. Lorsque le systême de civilisation que ce gouvernement produira, sera organisé de manière que tous les individus de la république, sans exception, seront assurés d'un secours pour se mettre en ménage, et d'une rente pour échapper à la misère, à laquelle la vieillesse est exposée dans les autres gouvernemens, tous les peuples deviendront les partisans et les apôtres de la révolution française.

Les principes se propagent et s'établissent insensiblement; leur marche ne peut être arrêtée ni par les artifices de la politique, ni par la force des années. L'Océan est pour eux une barrière impuissante; ils parcourent l'univers, et seront par-tout vainqueurs.

MOYENS

Pour exécuter le plan qu'on vient de lire, et pour ajouter à son utilité publique.

ARTICLE PREMIER.

Chaque canton élira dans ses assemblées primaires, trois commissaires qui prendront connoissance et tiendront registre de tous les événemens qui arriveront dans ledit canton, conformément à la chartre que la loi aura établie pour mettre ce plan en exécution.

I I.

La loi déterminera le mode qu'on doit suivre pour constater les propriétés des citoyens qui seront décédés.

I I I.

Lorsque la valeur des propriétés du citoyen décédé sera constatée, le principal héritier, ou le plus âgé des co-héritiers, s'il est majeur, ou celui qui sera autorisé à le représenter, s'engagera par un acte, vis-à-vis des commissaires du canton, de payer la valeur du dixième de ladite succession dans le cours d'une année, en quatre paiemens égaux, ou plutôt si les payeurs le préfèrent. Moitié de la succession servira d'hypothèque ou sûreté jusqu'à l'acquit définitif.

I V.

Les obligations seront enregistrées dans le greffe des commissaires du canton, et les actes originaux seront envoyés à la banque nationale. La banque publiera, tous les trois mois, la liste des obligations dont elle sera dépositaire, et de celles qui auront été acquittées en totalité ou en partie, depuis la dernière publication.

V.

La banque nationale créera des billets dont les obligations qu'elle aura en caisse seront le gage. Avec ces billets, la banque paiera les pensions des personnes âgées, et la gratification allouée aux jeunes gens qui atteignent l'âge de vingt-un ans. Il est raisonnable et généreux de supposer que les personnes qui ne sont pas absolument dans la nécessité, attendront, pour user de leurs droits sur la caisse, que l'établissement ait pris une consistance; et on tiendroit un registre honoraire, où seroient inscrits les noms des personnes qui auroient suspendu l'usage de leurs droits, au moins durant la guerre.

V I.

Comme les héritiers des propriétés paieront toujours leurs obligations dans l'année, en quatre paiemens, ou plutôt s'ils le préfèrent, après l'expiration du premier quartier, il entrera toujours dans la caisse de la banque un courant de numéraire pour l'échanger contre les billets de banque que les porteurs voudront réaliser.

V I I.

Les billets de la banque, mis de cette manière en circulation, avec la meilleure de toutes les sûretés possibles, consistante en propriétés pour quatre fois la valeur des billets mis en émission, et un courant nouveau du numéraire qui arrivera journellement pour acquiter les billets quand on en demandera le paiement; ces billets, dis-je, acquerront confiance et faveur dans toute la république. On pourra, en conséquence, les recevoir en paiement des taxes ou impositions, emprunt, etc. comme du numéraire, parce que le gouvernement pourra toujours les réaliser à la banque.

V I I I.

Il sera nécessaire que les paiemens des dix pour cent soient payés en numéraire pour la première fois, après l'établissement de l'institution. Mais après cette première année, les héritiers pourront également payer le droit de dix pour cent sur leur succession, en billets de banque ou en numéraire. Les paiemens en numéraire seront déposés dans la caisse pour être échangés contre une pareille somme en billets, et les paiemens en billets produiront le même effet que le numéraire, puisqu'ils libéreront la banque d'une partie de ses engagemens; en conséquence, cette opération fournira elle-même ses moyens d'exécution.

DE L'IMPRIMERIE DE POUGIN.